MINISTÈRE DE L'INSTRUCTION PUBLIQUE

MÉMOIRE

SUR

LA DISTINCTION DES BIENS

EN MEUBLES ET IMMEUBLES

PAR

M. DE LA GRASSERIE

CORRESPONDANT DU MINISTÈRE

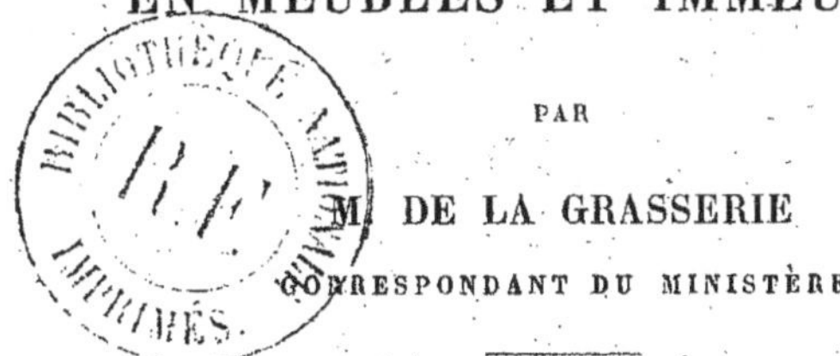

(Extrait du Bulletin des sciences économiques et sociales *du Comité des travaux historiques et scientifiques,* année 1896)

PARIS

IMPRIMERIE NATIONALE

M DCCC XCVI

MINISTÈRE DE L'INSTRUCTION PUBLIQUE

MÉMOIRE

SUR

LA DISTINCTION DES BIENS

EN MEUBLES ET IMMEUBLES

PAR

M. DE LA GRASSERIE

CORRESPONDANT DU MINISTÈRE

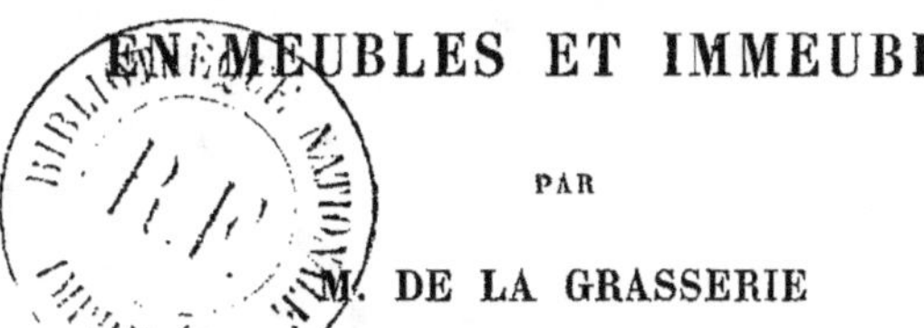

(Extrait du *Bulletin des sciences économiques et sociales du Comité des travaux historiques et scientifiques*, année 1896)

PARIS

IMPRIMERIE NATIONALE

M DCCC XCVI

MÉMOIRE

SUR

LA DISTINCTION DES BIENS
EN MEUBLES ET IMMEUBLES.

Une division remontant aux temps les plus éloignés, et qui est encore en pleine vigueur chez nous, universelle dans le droit, classique et incontestée, est celle des biens en meubles et immeubles; il semble, par conséquent, hardi de la combattre, de la vouloir remplacer, même modifier; cependant elle nous paraît, au moins dans sa teneur actuelle, tout à fait déraisonnable, antiscientifique, et conduit aux effets pratiques les plus désastreux. Ce n'est donc pas une simple querelle de mots que nous voulons élever ici : il s'agit, au contraire, d'une critique essentielle, qui, si elle est admise, peut modifier profondément la base de l'ensemble du droit, et qui influe sur le régime de la propriété, sur le crédit, sur l'impôt, sur l'organisation de la famille quant au patrimoine, sur le droit international privé.

En effet, les biens, suivant qu'ils sont meubles ou immeubles, sont régis très différemment, parce que toutes les solutions juridiques sont guidées par cette distinction; ce qui est vrai des uns devient faux des autres, et, à considérer cette différence d'effets, il semble qu'il y ait entre ces deux qualités un abîme véritable que la raison aurait creusé, aussi bien que la coutume. De là une dualité véritable dans chaque partie du droit, dualité gênante, même si elle était justifiée, mais plus insupportable encore si cette justification, soit théorique, soit pratique, fait défaut.

Sans autre préambule, dans cette petite étude nous examinerons successivement :

1° Quelle est la raison, soit historique, soit rationnelle, de cette distinction;

2° Quel est le criterium ou quels sont les criteria entre les meubles et les immeubles;

3° Quels sont les effets de cette division;

4° Quelle a été l'évolution des législations en cette matière:

5° Quelles sont les critiques qu'on peut élever contre l'état actuel;

6° Quelle transformation serait nécessaire.

I

Les biens sur lesquels les divers droits peuvent se fonder peuvent théoriquement être l'objet de plusieurs classifications. Une des plus naturelles semble être celle en biens corporels et biens incorporels. Les uns sont visibles, palpables; les autres échappent aux organes des sens, ils sont même intellectuels. Un des meilleurs exemples qu'on puisse donner de ces derniers, c'est celui de la propriété industrielle ou commerciale, littéraire ou artistique. Le tableau est l'objet matériel, la faculté de le reproduire est l'objet intellectuel; même différence, dans la propriété littéraire, entre le livre ou l'édition actuelle limitée et les éditions subséquentes. De même la créance est incorporelle, lorsqu'elle porte sur une chose *in genere*. Il n'y a d'objet corporel que celui qui existe réellement, qui est tangible. Mais cette distinction n'est née que très tard. La propriété industrielle, d'abord, n'est pas reconnue : elle reste dans le domaine public; la créance est intransmissible, elle n'existe pas comme bien distinct de son objet.

Une seconde classification des biens est celle en biens publics et en biens privés. Elle est beaucoup plus ancienne, et même remonte à l'origine du droit; on peut même dire qu'elle est préjuridique. Il est établi par la science que la propriété collective a précédé partout la propriété individuelle; l'immeuble est d'abord uniquement l'*ager publicus*. Plus tard l'*ager publicus* se limite et la propriété privée s'étend jusqu'à presque l'éliminer. A l'inverse de la première division, celle-ci tend à disparaître; les communaux eux-mêmes ont été réduits; le bien individuel est seul existant, sauf en Suisse, où l'autre se conserve, et aux États-Unis, où il se reforme souvent. En France, les biens publics survivent, surtout ceux dont la destination est l'usage de tous.

Une troisième distinction, très durable, et qui fait l'objet de la présente étude, est celle en meubles et en immeubles. Voici en quoi elle consiste essentiellement :

Par définition même, le meuble se distingue de l'immeuble en ce qu'il se meut, par conséquent se déplace, par conséquent peut disparaître sans laisser de trace aucune. Le fonds de terre est le type le plus parfait de l'immeuble : rien ne peut l'enlever matériellement, il reste à la même place, où on le retrouve toujours. C'est un grand avantage; l'objet du droit ne se perdant pas, le droit ne peut se perdre que par un vice à lui intrinsèque. Le voleur ne peut rien contre l'immeuble, qui est à la fois valeur et coffre-fort de cette valeur. Il suffit de rester adhérent à cet objet par la possession, ou même de ne pas en être séparé par une possession contraire. Le sol et l'homme ne vont faire qu'un : *mens agitans molem*. C'est le premier et le plus élémentaire degré de l'immeuble : le sol. Mais bientôt d'autres vont venir s'y ajouter par supraposition ou infraposition. Cette dernière donne par accession la propriété de la carrière et de la mine ; la supraposition donne celle des constructions ; enfin, l'interposition procure celle des fruits, des plantations, et la juxtaposition, celle de l'alluvion, de l'île.

L'annexion la plus importante est celle des constructions : elle fait de la maison une seconde classe d'immeubles qui acquiert bientôt toute l'énergie du sol. A son tour, la construction crée de nouveaux immeubles par dépendance ; tout ce qui est attaché aux bâtiments, tous les meubles qui y sont joints, mais qui l'intègrent, deviennent des immeubles. Ce n'est pas tout : si la terre est exploitée, tout ce qui va servir d'habitude à l'exploiteur deviendra immeuble à son tour par une dépendance qui s'idéalise déjà par exemple, les animaux, les engrais, les instruments employés à l'exploitation du fonds. Que si l'exploitation est industrielle, les bâtiments sont, pour ainsi dire, intellectuellement détachés de la terre et forment un immeuble indépendant ; mais alors ils donnent le caractère immobilier aux meubles employés à l'établissement.

Un troisième degré d'immeubles comprend les actions qui ont pour but de revendiquer un immeuble ou de faire valoir sur lui un droit réel.

Par contre, le meuble est l'objet qui se meut, ou, plus exactement, qu'on meut. Quelques législations distinguent même ces deux cas, mais sans en tirer de grandes conséquences. Le droit espagnol et ses dérivés distinguent, parmi les meubles, ceux vivants, se mouvant d'eux-mêmes, *semovientes*. Quelle que soit l'importance de l'objet, dès qu'il se meut, il est meuble ; ainsi, par exemple, le navire a une valeur beaucoup plus grande que bien des maisons et des fonds de terre ; il n'en est pas moins un meuble, et il en a subi, jusqu'en ces derniers temps, toutes les conséquences. Un objet immatériel est essentiellement meuble, puisqu'il ne tient pas au sol, ni directement, ni par des constructions ; aussi, on comprend dans cette classe la propriété artistique et littéraire, etc. ; en outre, toutes les créances, quel que soit leur chiffre ; bien plus, les parts et actions dans les sociétés commerciales, quoique celles-ci aient dans leur actif des immeubles. Le meuble est la règle, l'immeuble est l'exception.

Cependant le meuble peut devenir immeuble ou à peu près, et l'immeuble peut devenir meuble, sans toutefois changer de nom, dans certains cas : par exemple, quand, artificiellement, le meuble arrive à ne plus se mouvoir, lorsqu'il est arrêté ; ou quand l'immeuble, au contraire, se met en marche et qu'on parvient à le faire courir. Le premier cas est celui où le meuble est saisi, et alors, soit confié à la garde d'un tiers, soit laissé aux mains du saisi lui-même, sous des sanctions légales, ou celui où le meuble-marchandise est déposé dans des magasins généraux. Nous reviendrons là-dessus ; il y a alors, en réalité, un immeuble non réel, mais conventionnel. De même, l'immeuble peut devenir meuble, si la propriété du sol est monétisée, c'est-à-dire si un titre représentatif de cette propriété peut se transmettre par endossement ou au porteur. C'est la question de mouvement qui décide de la qualification. Ainsi les meubles et les immeubles sont naturels ou conventionnels; dans les deux cas, les meubles se meuvent, les immeubles sont ou deviennent incapables de mouvement.

Lorsque le meuble qui adhérait au sol s'en détache, il cesse d'être immeuble, car alors on peut l'emporter sans fracture; c'est ce qui arrive pour les fruits recueillis à maturité, pour les bois morts, pour les mines en coupe réglée, pour les matériaux d'un édifice qu'on démolit, pour ceux construits par un tiers, qui lui appartiennent et qu'il peut enlever. Ce sont les meubles par anticipation. Ces meubles le sont alors par nature. Ils le sont par convention ou par acte de justice dans la saisie-brandon et dans la vente de récolte à faire, ou celle par le propriétaire d'édifice à démolir.

Telles sont les transformations de meubles à immeubles et d'immeubles à meubles. Ce sujet pourrait être étudié séparément et serait intéressant, mais ce n'est pas celui qui nous occupe.

A côté de la distinction en meubles et immeubles, il en existe d'autres qu'il importe d'en rapprocher, parce qu'il y a souvent confusion entre eux.

Il s'agit d'abord de la distinction non plus des biens, mais des droits en réels et personnels. Nous ne nous attarderons pas à en donner ici la définition bien connue. Essentiellement, le droit réel, c'est celui opposable à tous, qui s'exerce directement sur l'objet, meuble ou immeuble, tandis que le droit personnel s'exerce sur la personne qu'elle contraint à fournir telle somme ou tel objet; le plus énergique des droits réels est le droit de propriété; ceux d'usufruit, de servitude, n'en sont que des fractions; il s'agit ici non de la nature de l'objet, mais de la nature du droit.

Cependant il s'établit entre les classes d'objets et les classes de droits une affinité incontestable. En matière de meubles, les droits entièrement réels sont rares; en matière d'immeubles, les droits personnels sont rares aussi, de sorte qu'il s'établit les deux groupes suivants : 1° celui des droits personnels mobiliers; 2° celui des droits réels immobiliers, laissant les autres dans l'ombre. C'est le groupement usité dans le droit français actuel. Un autre groupement est celui en : 1° droits personnels et réels mobiliers et personnels immobiliers, lesquels se divisent en droits personnels et en droits réels; ce sont les classes du droit normand et du droit anglais, sur lesquels nous reviendrons; 2° droits réels immobiliers. Cette affinité, au premier abord singulière, s'explique très bien. Les meubles disparaissant facilement, comment leur faire supporter des droits réels, comme des hypothèques, des servitudes? La constitution sera valable, mais l'effet presque nul; lorsque le créancier voudra faire vendre, il ne trouvera plus rien aux mains du débiteur, si bien que, pour faire servir le meuble au crédit, il faut d'abord l'immobiliser en nantissant le créancier et en lui transférant provisoirement soit la possession, soit même la propriété au moyen d'une clause de fiducie. La propriété elle-même ne pourra être constituée bien solide sur le meuble, si la possession n'y est pas jointe, car le détenteur pourra le livrer à un autre. Il n'y a de sûrement acquis alors qu'une action en dommages-intérêts, par conséquent un droit personnel contre l'auteur du détournement. Dans une pareille situation, les idées de personnel et de mobilier se rapprochent jusqu'à se confondre, quoique la différence théorique subsiste. Au contraire, quand il s'agit d'immeubles, l'existence d'un droit personnel sera rare ; dans notre législation, il ne se rencontre presque jamais, puisque la convention transmet la propriété ou le droit réel entre les parties ; dans l'ancien droit, il était plus fréquent ; entre la vente et la tradition l'acheteur n'avait qu'un droit personnel immobilier. Il est vrai que dans un contrat important, le bail, le preneur n'a sur l'immeuble pendant toute sa durée qu'un droit personnel ; cela n'est plus aujourd'hui exact, car son droit personnel est au moins très fortement teinté de réalité.

Il ne faut pas perdre de vue ici la différence théorique persistant entre le droit réel ou personnel et l'objet meuble ou immeuble ; mais il ne faut pas non plus oublier leur coïncidence pratique terme à terme, parce qu'il s'agit là non d'une erreur, mais d'une confusion résultant d'affinité.

Une autre distinction qui a vécu seulement à une période de l'évolution du droit est celle des biens en *res mancipi* et *res nec mancipi*. Ces derniers étaient la règle, les premiers l'exception. Ils consistaient dans : 1° les immeubles soit ruraux, soit urbains, situés en Italie ; 2° les servitudes rurales en Italie ; 3° les bêtes de trait ou de somme ; 4° les esclaves. Ils ne peuvent être transmis par simple tradition, mais par des modes solennels qui impliquent l'intervention sociale. S'il y a simple tradition, on n'a pas transféré la véritable propriété, le domaine quiritaire, mais seulement le domaine bonitaire. Cette distinction fait une classe spéciale des immeubles, mais seulement de ceux situés en Italie, puis, par voie de connexité, de tout ce qui sert à leur exploitation, y compris les esclaves. Il y a donc une certaine coïncidence avec la distinction en meubles et immeubles ; la condition que les servitudes soient rurales le confirme, mais celle que l'immeuble doit être sis en Italie en éloigne. Nous pensons, quoique l'origine de cette distinction soit obscure, que les choses *mancipi* sont celles où la propriété est plus collective dans son origine, tandis que pour les autres la propriété était plus individuelle et n'exigeait pas pour sa translation l'intervention sociale.

Telle est la distinction objective en meubles et en immeubles. Elle a pour point de départ la nature plus ou moins fixe de l'objet, la circonstance qu'on peut ou qu'on ne peut pas le déplacer sans que tout le monde en soit averti.

Mais cette distinction se double de beaucoup d'autres motifs, d'un d'abord qui d'objective la rend subjective. Les immeubles sont les objets qui ont le plus de valeur ; les meubles ont, au contraire, en thèse, une valeur moindre. Il en résulte que le législateur doit s'occuper davantage de la conservation des seconds et les entourer d'une plus grande garantie.

C'est par l'affinité existant entre les *res mancipi* et les immeubles, et parce qu'ils avaient plus de valeur que les Romains exigeaient des formalités spéciales pour leur translation, de même qu'aujourd'hui notre code exige la transcription pour les immeubles et non pour les meubles.

La maxime *vilis mobilium possessio* a été longtemps vraie, surtout lorsque les immeubles comprenaient une partie de nos meubles actuels; elle n'a cessé d'être exacte que dans notre siècle. Subjectivement, la distinction entre meubles et immeubles s'analyse donc en distinction entre valeurs importantes et valeurs minimes. On comprend que l'attention du législateur se porte davantage sur les premières, quoique l'importance de la valeur soit relative au possesseur; la protection sociale entraîne d'ailleurs de grands frais; ces frais écraseraient la toute petite propriété, qu'on préfère laisser exposée à des risques. Les créances furent longtemps les seules valeurs mobilières importantes, mais elles étaient incessibles et n'avaient pas ainsi besoin de protection comme telles. Les meubles incorporels autres n'existaient pas. Le mobilier corporel a toujours été une très petite fraction du patrimoine.

Ainsi la division en meubles et immeubles a une double face : celle objective, la fixité ou le mouvement de l'objet; celle subjective, sa valeur.

Cette distinction répond encore à une autre idée, à la différence qui existe entre la fortune en voie de formation et la fortune consolidée. Certains meubles ont été toujours très importants : les marchandises dans le commerce de terre, le navire dans le commerce maritime; et, si l'on s'était placé au point de vue de la valeur, ils auraient pu constituer des immeubles. En ce qui concerne le navire, il possède un port d'attache, les assurances le protègent contre les risques, on peut donc le retrouver lui et sa valeur, cependant c'est un meuble. C'est qu'il fait partie de la fortune commerciale, et que celle-ci, dans son ensemble, est un patrimoine en voie de formation, en plein risque, fluctuante et nullement définitive. Elle ne peut être protégée autant, puisqu'elle se risque elle-même. Lorsque le commerçant aura cessé son commerce, il s'empressera d'acheter des immeubles, des valeurs consolidées; c'est alors que son patrimoine comptera réellement; auparavant il était énorme, mais il était éphémère; il vaut moins qu'une fortune plus petite définitive. C'est ce qu'on peut répondre pour justifier le caractère mobilier conservé aux valeurs de Bourse, qui ne font que passer de mains en mains. Non seulement elles sont tout à fait mobiles dans la circulation, mais incertaines aussi dans la possession; la propriété foncière semble seule solide. C'est ce qui fait que son règne persiste malgré toutes les charges dont on la grève. Au milieu des tempêtes d'alentour, on se cramponne à la terre, qui garde plus facilement nos épargnes. Celles-ci se trouvent ainsi solidifiées, de fluides qu'elles étaient.

Au point de vue de l'évolution, les immeubles se distinguent encore profondément des meubles. D'abord, dans la vie nomade, les meubles existent seuls; le sauvage n'a que sa flèche, ses habits et un mobilier tout personnel, et dans la vie pastorale les troupeaux sont les meubles nouveaux, *semoventes;* c'est au stade agricole qu'il peut s'agir de la terre et par elle des constructions et des autres immeubles. A l'origine, la propriété aussi bien des meubles que des immeubles a été collective et indivise, mais, de bonne heure cependant pour les meubles, on voit apparaître la propriété individuelle; cela se comprend, leur usage, leur possession était constante, quelquefois même la création s'ajoutait à la possession; les troupeaux eux-mêmes sont toujours sous la garde; ils conservent leur vie seulement par les soins constants du maître, les esclaves enfin ont été pris à la guerre et forment une conquête; le cachet personnel s'imprime fortement sur tous ces objets. Il en est autrement lorsque la profession agricole fit naître la possession, puis la propriété des immeubles; cette propriété resta collective beaucoup plus longtemps; elle appartint tantôt à la tribu, tantôt à la famille, et lorsqu'elle devint individuelle, la société garda longtemps sur elle un domaine éminent. Lors des renouvellements historiques, nous observons le même processus; la propriété mobilière n'est pas contestée, par exemple, à l'époque féodale; quant à l'immobilière, elle devient l'annexe de la puissance politique; c'est l'État qui la concède, elle suit la hiérarchie politique, le roi est le souverain fieffeux. Dans le pays où la terre est vierge de culture, il en est de même : l'*ager publicus* occupe la plus grande partie des États-Unis, comme au temps des Romains il occupait la majeure partie de l'Italie. Enfin, dans les doctrines collectivistes contemporaines, la propriété mobilière est conservée; la socialisation n'est demandée par toutes les fractions du système collectiviste que pour la terre et ce qu'elle contient, les constructions, les mines, les voies ferrées. Cette cause de distinction entre les meubles et les immeubles est générale et profonde. D'où provient-elle ?

Tandis que le meuble est un objet à usage personnel constant, ou le produit détaillé de la terre et ayant pour contre-partie un travail fourni, ou une création de l'intelligence, et par conséquent devient vite personnel, la terre, au contraire, outre qu'elle n'est pas l'objet d'une possession réellement continue, n'est pas une valeur véritable par elle-même; non cultivée, non fumée soit industriellement, soit naturellement pendant la jachère par les éléments que lui apportent l'air et la végétation spontanée, elle ne produit rien; ce n'est qu'une éponge, qu'un espace où les éléments chimiques apportés du dehors trouvent un laboratoire et agissent sur les semences qui leur sont confiées.

La récolte de l'année et celles de quelques années suivantes sont le résultat de cet ensemencement, de cette fumure et de ces soins. Lorsque les éléments apportés sont épuisés, le travail a eu toute sa récompense. Un autre peut venir occuper à son tour le champ, y faire les mêmes travaux et s'en récompenser de la même manière, ou le même recommencer. L'appropriation exclusive ne se justifie pas d'une manière directe. Du reste, il faut souvent pour la culture première le concours de toute la tribu. Aussi la distribution temporaire des terres précède-t-elle presque partout la propriété exclusive. Lorsque celle-ci a pris naissance, la possession devient instable dans un autre sens; on jouit personnellement de ses meubles, souvent on ne jouit pas personnellement de sa terre, on la loue à un fermier qui possède, on se contente du prix du loyer. La propriété de la terre et des immeubles est donc moins stable, moins directe que celle des meubles. Aussi de tout temps a-t-on exigé lors de sa transmission une intervention sociale, non seulement en ceux primitifs et à l'époque féodale, mais à toute époque, tantôt par la nécessité de l'investiture, tantôt par celle de la transcription, tantôt enfin par l'immatriculation. Nous n'avons pas à discuter ici les doctrines qui se sont produites sur la question agraire, nous voulons faire une simple constatation. La propriété de la terre a toujours été une question agitée soit dans son principe, soit dans ses conditions, celle des meubles n'est pas soulevée.

Enfin une dernière distinction vient de l'existence primaire ou secondaire d'une valeur. La seule valeur primaire est la terre; c'est elle seule qui produit en réalité les fruits nécessaires à la consommation de l'homme, par extension les plantes qui servent à son vêtement, les matériaux dont il construit son habitation. Elle donne tout le nécessaire. Les autres valeurs ne fournissent que les instruments utiles pour la faire valoir, et celui qui possède ces autres valeurs vit par elles en parasite sur les premières. Par exemple, s'il est créancier, le débiteur lui sert les intérêts de l'argent, parce qu'il reçoit les fruits de la terre. Entre le créancier et celle-ci il y a le débiteur; le créancier vit d'une manière parasitique sur le débiteur, comme celui-ci, cette fois directement, sur la terre. De même, l'artisan qui travaille les objets mobiliers. La terre est bien la seule valeur définitive, celle qui produit ce qu'on mange; auprès des autres, si elles n'étaient pas échangeables avec la première, le plus riche pourrait mourir de faim. D'où une cause nouvelle de distinction entre les meubles et les immeubles.

Tels sont, en raison, les motifs intrinsèques de la division en meubles et immeubles : 1° fixité ou mouvement naturel; 2° importance ou insignifiance de valeur; 3° consolidation ou formation du patrimoine; 4° appropriation individuelle plus ou moins facile et complète; 5° valeur première et valeur secondaire ou parasitique.

Comment, dès lors, est-il possible de critiquer cette distinction qui semble si bien fondée? Avant de le faire, nous devons établir très exactement le criterium et les effets de cette distinction.

II

Les deux caractères essentiels des meubles et des immeubles que nous venons de décrire sont : 1° au point de vue objectif, la fixité ou la mobilité de la valeur manifestée par l'adhérence ou la non-adhérence au sol; 2° au point de vue subjectif, l'importance générale de la valeur. Tantôt c'est l'un, tantôt c'est l'autre de ces caractères qui domine; en outre, chacun d'eux peut être entendu de deux manières très différentes.

Le caractère objectif est la fixité de la valeur manifestée par l'adhérence au sol. Cette définition comprend plusieurs termes. Ces termes peuvent être réunis ou séparés.

Il est certain que la distinction se justifie par la fixité de certaines valeurs, la fluidité et le mouvement de certaines autres. Aussi une valeur toujours en mouvement, et qui peut être dissimulée ou disparaître, ne saurait être employée comme moyen de garantie; on ne peut soumettre sa transmission à ces formalités qui seraient la précaution inutile; elles servent de base moins solide à l'impôt, etc. Là-dessus aucun doute, mais il s'agit alors d'une distinction entre les valeurs fixes et les valeurs courantes.

Mais n'y a-t-il de valeurs fixes que le sol et ce qui est attaché au sol? Cela est une tout autre question. Si oui, la distinction en valeurs fixes et valeurs courantes coïncide avec celle entre meubles et immeubles, telle qu'elle est pratiquée; non, dans le cas contraire.

Suivant un système, il n'y a de valeurs fixes que les immeubles, c'est-à-dire que le sol et les annexes du sol. C'est même l'idée première, matérielle, matérialiste, si l'on veut, du droit. C'est ainsi que les Romains ont compris la distinction; c'est ainsi d'ailleurs qu'à une autre extrémité de l'évolution, la comprend le code civil français. Lorsque les peuples passent de la vie nomade du chasseur et de la vie pastorale à la vie agricole, ils acquièrent une nouvelle richesse bien distincte de toutes les autres : la terre. Ils la mettent à part. C'est elle seule qui compte comme élément nouveau; puis sur cette terre ils construisent; sous cette terre ils fouillent; tous ces ouvrages ne sont que la terre prolongée; ils la cultivent, et les intruments de labeur agricole s'identifient à la terre; ils ne vont pas au delà, tout e surplus reste meuble. C'est qu'ils ne sont pas partis de l'idée de distinguer la valeur fixe de la valeur courante, ils n'ont pas envisagé le but de cette distinction, celle-ci s'est formée mécaniquement. Plus tard, lorsqu'on a dégagé de cette classification toute mécanique l'esprit qu'elle pouvait avoir, on s'est aperçu qu'elle était utile et pouvait fonctionner comme telle, que la terre est fixe, que tout ce qui s'attache à elle est fixe aussi, que cette fixité produit certains avantages, que les immeubles ainsi délimités sont capables de certaines fonctions juridiques propres. On ne se demanda pas si certains autres objets indépendants de la terre ne pourraient pas avoir aussi la même fixité ou une certaine fixité dont on tirerait parti, et dont les conséquences seraient les mêmes que celle de l'attache au sol. Ce cercle premier ne fut pas élargi, on utilisa seulement les immeubles définis à un emploi juridique spécial.

Plus tard, cependant, on s'aperçut que ce qui faisait l'utilité de la division, ce n'était pas l'adhérence au sol, mais la fixité; que si une valeur pouvait être fixe autrement, elle posséderait les mêmes avantages, et que les vocables meubles et immeubles pourraient être conservés, mais entendus dans un autre sens. Par exemple, voici des objets corporels qu'on rend fixes fictivement, des marchandises mêmes (tout ce qu'il y a de plus mobile) qu'on enferme dans des magasins généraux publics. Tant qu'elles y sont prisonnières, et elles ne peuvent être mises en liberté que lorsqu'elles ont payé leur dette, ce sont de véritables immeubles. On peut emprunter sur elles comme sur eux; il faut, pour en transmettre la propriété, les mêmes précautions. Pourquoi ne seraient-ce pas des immeubles, quoiqu'elles n'adhèrent pas au sol? Voici des valeurs incorporelles; elles n'ont point de siège dans l'espace, cela est vrai; dans un sens elles ne sont donc pas fixes, mais on ne les voit pas non plus courir, ni personne pouvoir les soulever : elles ne sont donc pas mobilières. Cependant elles présentent tous les avantages des choses fixes matériellement, des immeubles. Il s'agit de la propriété littéraire. Il suffit de l'inscrire sur un registre, ce registre l'emprisonne; désormais elle peut servir de gage, on la retrouve toujours à sa place; elle ne peut jamais échapper, elle vaut un immeuble.

De même une créance; sans doute le débiteur peut fuir, mais la créance reste, et de plus si elle est gagée par une hypothèque, elle demeure solide, on la retrouve à sa place sur le registre d'inscription. Voici le navire; non seulement il est mobile, mais il fuit de mer en mer, il passe des années sans revenir, il ne reviendra peut-être jamais. Quoi de plus meuble? Ce n'est qu'une apparence. Rien de plus fixe. Ce navire retournera toujours forcément à son point d'attache, s'il revient; et s'il ne revient pas, s'il périt, une compagnie d'assurances le ressuscitera pour le créancier. En réalité, il est donc fixe; et ce meuble, le plus mobile, le plus fugace de tous était, en réalité, un immeuble.

Dans tous ces cas où aucune attache au sol n'existait, la valeur était au fond immobilière, la coïncidence entre l'immeuble classique et l'immeuble véritable disparaissait donc. Il surgissait un immeuble nouveau, dégagé de ses conditions matérielles, la valeur fixe. Disons tout de suite que ce fut la conception très juste qu'en eut l'ancien droit français, où la plupart de nos meubles actuels étaient assimilés aux immeubles.

Le caractère subjectif de la distinction entre le meuble et l'immeuble est la valeur plus ou moins importante en thèse de ces divers objets. D'après a conception première, les immeubles comprennent les valeurs importantes par elles-mêmes; les meubles, celles négligeables à beaucoup d'égards. Dans une société où il n'existe pas de commerce et très peu d'industrie, c'est la terre qui est la seule vraie valeur; les autres ne sont que secondaires. Tel est le système des physiocrates. La terre seule donne la nourriture, le vêtement, le logement, l'indispensable; le reste est de luxe. D'ailleurs, elle seule est productive de revenus véritables; l'argent ne rapporte de loyers que dans certains cas assez rares, il n'y a donc qu'une seule valeur importante. Ce concept se justifie pleinement à ces époques; le prêt à intérêt lui-même ne peut exister que sous la forme de rente perpétuelle. Mais, à un autre degré de l'évolution, il devient faux. Le criterium n'est pas absolument différent, mais il se modifie. D'un côté, toutes les choses frugifères; de l'autre, celles qui ne le sont pas.

La terre seule donne des fruits, mais par imitation l'argent donne à son tour des intérêts, et ces intérêts valent les fruits. Au contraire, un mobilier corporel est improductif. Il ne peut, par conséquent, atteindre une estimation convenable. A cette distinction entre la terre, importante parce qu'elle est seule frugifère, et les autres objets, secondaires parce qu'ils ne produisent pas annuellement, se substitue celle entre tous les objets frugifères quelconques, terre, capitaux, etc., et ceux qui ne le sont pas, et par conséquent ont une valeur moins utile. Sous ce rapport encore la conception est élargie. On peut assimiler les capitaux mobiliers aux capitaux immobiliers, parce qu'ils sont tous les deux des capitaux, les meubles vrais sont les revenus et les capitaux improductifs qu'il faut consommer ou user. Telle est la conversion lente de l'idée d'immeubles, même au subjectif.

La troisième cause de distinction entre les meubles et les immeubles, celle qui vient de l'idée de la fortune en voie de formation et de celle consolidée, peut aussi s'entendre de deux façons. Une fortune est consolidée dans un sens lorsque les valeurs qui la composent sont employées en biens stables dont la valeur ne peut varier et dont l'existence n'est pas soumise à des risques. Or les immeubles consistant en sol et dépendances présentent seuls d'abord ce caractère; eux seuls ont une valeur facilement mesurable, s'échangeant toujours et non aléatoire. Mais il n'en est pas perpétuellement ainsi, et un certain jour il devient faux de dire que les valeurs autres que le sol, les constructions et leurs annexes soient seules de la fortune cristallisée.

Tout d'abord la rente foncière est aussi sûre et d'une valeur aussi fixe, cependant il est vrai qu'elle constitue un immeuble; mais bientôt le placement hypothécaire participe à la fixité de la fortune immobilière elle-même, puis celui qui est garanti par un gage. Ce n'est pas tout; les rentes sur l'État dont la garantie, pour n'être que personnelle, n'en est pas moins très forte, étant collective, acquièrent le même caractère de consolidation. Bientôt tout un groupe de valeurs mobilières fait, à ce point de vue, fonction d'immeubles. Dès lors, la fortune consolidée comprend, à côté des immeubles anciens, une foule de valeurs; ces valeurs, en réalité, de meubles sont devenues immeubles, et il faut remanier les catégories. Elles coïncident d'ailleurs avec les valeurs fixes ci-dessus énumérées. Les meubles sous ce rapport sont presque réduits aux seules marchandises.

Le motif qui repose sur l'appropriation plus complète des meubles est aussi passible d'une double interprétation. A l'origine il n'y a en présence que les meubles personnels non improductifs et les immeubles productifs annuellement; les premiers forment une propriété complète, les seconds une propriété moins ferme, devenant lentement individuelle. Depuis, la propriété devient exclusive tant pour les immeubles que pour les meubles, mais à cet égard une nouvelle différence se fait jour dans le même ordre d'idées. Certains meubles sont assimilés aux immeubles, en ce sens qu'ils sont susceptibles de revenus aussi fermes; ce sont les parts dans les sociétés, les obligations à la charge de celles-ci. La discussion à laquelle donne lieu la propriété entre les diverses écoles économistes s'applique non seulement aux immeubles, mais à ce genre de meubles; la propriété des meubles corporels reste seule indiscutée.

Enfin le caractère de valeurs parasitiques qui distingue les meubles des immeubles disparaît pour beaucoup d'entre eux. Les meubles sont souvent le résultat du travail sans le concours des immeubles. La cause en est dans l'extension de l'industrie. Sans doute, la terre continue de donner les produits indispensables, mais l'échange des produits entre eux se fait d'égal à égal. La production mobilière est autonome. Dès lors, les meubles corporels et les marchandises restent seuls dans la classe des valeurs parasitiques, vivant sur les immeubles et leurs possesseurs. Les autres, propriété industrielle, créances, ont des produits spéciaux, vivent d'une manière autonome.

Mais les deux grands motifs de distinction entre les meubles et les immeubles sont surtout à retenir, savoir, celle *objective* de la *fixité*, celle *objective* de la *valeur*. On voit que suivant les procédés et les systèmes, la première se réalise avec l'adhérence au sol ou en dehors de cette adhérence; la seconde, avec l'idée que la terre est la seule valeur véritable ou la plus grande, ou avec l'idée que cette valeur est indépendante de la nature des objets.

Recherchons maintenant quel est l'intérêt pratique et l'effet de la distinction en meubles et immeubles.

III

Les effets de cette classification que pour abréger nous examinerons surtout dans le droit français actuel, sont nombreux, et c'est ce qui lui donne une particulière importance; nous verrons plus loin qu'ils ne sont pas toujours une conséquence nécessaire des définitions.

1° Le principal effet consiste en ce que l'immeuble seul donne une base assez solide au crédit, que par conséquent tout un système est organisé quant à lui dans ce sens, système qui ne s'applique pas aux meubles et ne peut s'y appliquer. Pour ceux-ci il faut revenir au procédé le plus rudimentaire, à la possession qui forme la condition du gage. Pour l'immeuble, au contraire, un vaste système fonctionne qu'on nomme le *régime hypothécaire*.

Il suffit ici d'indiquer ce régime et non de le décrire. Les procédés sont très variés. D'abord il a fallu procéder comme pour les meubles, mettre le créancier en possession et même l'investir de la propriété; puis une divergence se forma; tandis que les meubles restèrent sous ce régime, le gage immobilier disparut, en laissant des traces dans l'antichrèse et devint l'hypothèque, d'abord occulte et peu efficace, puis relatée sur un registre. On peut posséder le registre au lieu du sol. Dans des systèmes nouveaux (act. Torrens) il suffit même de posséder le titre, ce titre peut être transmis par endossement. Dans tous les cas, la possession est immatérielle. Il en est de même en ce qui concerne la transmission; tandis que le meuble se transmet au porteur dans le sens strict du mot, l'immeuble doit se transférer par un acte écrit, souvent authentique, toujours transcrit. C'est là un des effets les plus importants de la distinction. Les meubles ne peuvent ouvrir qu'un crédit étroit, les immeubles sont susceptibles du plus large; à ce point de vue, leur supériorité est entière. Pourquoi? Parce qu'ils sont fixes, ne se déplacent pas, qu'on peut toujours les retrouver; ce sont des gens domiciliés, tandis que les meubles sont plus ou moins vagabonds. S'ils n'étaient pas fixes, on ne pourrait pas les représenter par une feuille de registre, ou la représentation serait fausse; c'est cette fixité qui permet seule d'être garanti sans posséder.

En scrutant bien cet effet, on n'est pas longtemps à découvrir que si des meubles venaient à acquérir cette fixité, ils pourraient servir de crédit tout comme des immeubles, et que pour cela leur possession serait inutile; le prêt sur marchandises renfermées dans des magasins généraux est un exemple frappant de cette transformation. Mais cette assimilation n'est pas admise, la liste des immeubles est définitivement close et les meubles les mieux méritants seraient des intrus.

2° Le second effet tient encore à la situation fixe des immeubles et à la localisation de la terre. Il fait la base du droit international privé. On connaît la théorie du statut personnel et du statut réel; elle est obscure dans ses détails, mais nette dans l'ensemble. Un étranger suit, quant à sa personne et à son état, les lois de son pays, ce qui se conçoit; il les suit aussi pour ses meubles, où qu'ils soient situés, mais pour les immeubles on applique celles du lieu où ils se trouvent. La terre est une partie intégrante du pays; les étrangers peuvent bien y aller et venir, mais ils ne peuvent leur appliquer des lois étrangères. Bien plus, en Angleterre, jusqu'en 1870, les étrangers ne pouvaient posséder des immeubles, tandis qu'ils avaient plein droit aux meubles. Sans doute, un motif d'autonomie nationale est au fond de cette règle; cependant elle repose en dernière analyse sur la fixité de la terre, sur la personnification qu'on en fait. Autrefois, toutes les lois étaient personnelles, même pour les immeubles, mais bientôt la force du sol se fit sentir. Il fut régi directement par la loi du pays de sa situation, abstraction faite de ses possesseurs.

3° Cependant le droit international n'est pas absolument ferme sur ce point. Souvent, sous ce rapport aussi, on assimile certaines valeurs mobilières aux immeubles. Certains peuples appliquent la *lex rei sitæ* aussi aux meubles qui ont une assiette déterminée, tant qu'ils conservent cette assiette. Ce ne sont que les meubles incorporels, les créances, qui suivent la personne et déambulent avec elle. L'autonomie nationale se trouve ainsi affermie; tout ce qui a un domicile parmi les valeurs suit la loi de ce domicile; ce qui n'en a pas suit, au contraire, la loi de celui de son possesseur et de sa nationalité.

C'est dans cet ordre d'idées, de la souveraineté du pays appliquée aux immeubles, que le code civil français ordonne, en cas de succession dont les valeurs sont situées, partie en France, partie à l'étranger, de prélever sur les immeubles français la quotité à laquelle un héritier français a droit sur le tout.

4° A une certaine période de l'évolution, les immeubles prirent une prédominance singulière qui leur était communiquée par la terre. Ils furent soumis à un régime spécial, le régime féodal; ils conféraient les dignités et même les pouvoirs; ils étaient d'ailleurs soumis entre eux à une véritable hiérarchie. Rien de tel n'existait quant aux meubles. Cependant quelques-uns y furent assimilés par la suite.

5° Cette situation eut en tous les pays un reflet double sur le régime des successions. Tandis que celle des meubles se réglait d'après l'affection présumée, celle des immeubles suivait le régime des parentèles, c'est-à-dire le lien du sang. En outre, à cette parenté entre les personnes, on a ajouté celle entre les personnes et les choses, pour régler la dévolution. D'où non seulement les parentèles avec fente et refente, mais aussi la règle *paterna paternis, materna maternis.* Enfin la domination des immeubles en matière de succession devint plus grande encore, lorsqu'on suivit le système des coutumes souchères ou du droit anglais, d'après lequel on remonte jusqu'au plus proche parent de l'acheteur qui a mis le bien dans la famille, et non à celui du *de cujus.*

Aujourd'hui encore, dans le partage des successions, chaque héritier doit avoir séparément sa part dans les meubles et sa part dans les immeubles.

6° Pour les meubles, possession vaut titre, soit parce que la possession donne droit, soit parce qu'elle fournit preuve au moyen d'une prescription instantanée, et l'on n'a le droit de revendiquer qu'en cas de perte ou de vol et sous certaines restrictions. Au contraire, pour la propriété des immeubles, il faut un titre, et à défaut, une prescription de dix, vingt ou trente ans, suivant les cas. C'est un effet de la non-fixité des meubles et de la fixité des immeubles.

7° Pour la transmission des immeubles, de nombreuses et coûteuses formalités sont exigées; bien plus, elle est soumise à la publicité; enfin, en matière de donation, il faut un acte authentique; tout cela disparaît quand il s'agit d'un meuble, car on peut le donner de la main à la main, le don manuel n'est soumis à aucune formalité. Cette différence tient à la moindre valeur des objets mobiliers.

8° Les règles de la réduction et du rapport sont très différentes, selon qu'il s'agit d'un meuble ou d'un immeuble. Dans le premier cas, ils ont lieu toujours en moins prenant; dans le second, il y a des distinctions à faire. La valeur due des meubles est celle au moment de la donation. On présume qu'ils auront sans doute été consommés ou détériorés par l'usage, qu'en tout cas ils ont disparu, et qu'on ne peut les rechercher chez les tiers.

9° La capacité nécessaire pour aliéner les meubles est moins énergique que celle qui est requise pour aliéner les immeubles ou pour les grever. On se place ici au point de vue de leur moindre valeur. Ainsi, quand il s'agit de maisons, il faut des formalités très nombreuses pour aliéner ou hypothéquer son immeuble, n'eût-il qu'une valeur de 100 francs; au contraire, il n'en faut presque aucune pour aliéner des meubles consistant en créances de 100,000 francs, effet qui paraît bien déraisonnable.

Cependant la loi a sous ce rapport assimilé certains meubles aux immeubles par exemple, tous les meubles incorporels, depuis le 27 février 1880. D'autre part, elle a réduit les frais des ventes d'immeubles au-dessous de 2,000 francs. Enfin, elle a environné la vente des navires de formalités protectrices.

Aujourd'hui, sauf les rentes sur l'État, le tuteur peut vendre sans contrôle toutes les valeurs mobilières de son pupille.

Il en est de même en ce qui concerne le mineur émancipé, le tuteur de l'interdit et les autres incapables.

10° Les meubles seuls peuvent faire l'objet d'un commerce, les immeubles en sont exclus, toutes les opérations auxquelles ils donnent lieu ne sont jamais que des opérations civiles. Il en résulte que celui qui achète une propriété en bloc, la met en actions, la revend en détail, ne fait pas là un acte de commerce. Quelque singulier que soit ce résultat, il est certain. Il tient à ce que les meubles seuls sont considérés comme une fortune en voie de formation; les immeubles sont le patrimoine cristallisé, mis en réserve. On est parti de cette idée, juste en général, sans voir qu'elle comporte des exceptions.

Les immeubles peuvent être mobilisés, de même que les meubles peuvent être immobilisés.

11° De même que les hypothèques conventionnelles, les hypothèques légales ne peuvent être constituées que sur les immeubles, non seulement quant au droit de suite, mais aussi quant au droit de préférence; en effet, les immeubles peuvent seuls offrir une garantie certaine. Il en résulte que la femme mariée, le mineur, peuvent être remplis de leurs droits, par préférence à tous les créanciers, quand il y a des immeubles dans la succession ou dans la communauté, mais qu'ils perdent souvent quand il n'y a que des meubles, ils n'ont alors aucun privilège. Cet effet semble singulier. Que le manque de fixité des meubles empêche qu'on ne puisse exercer sur eux un droit de suite, rien de plus logique! Mais il en est autrement du droit de préférence.

Pourquoi ne pas accorder de privilège à la femme et au mineur sur le patrimoine, tel qu'il est au moment de la déconfiture? On ne peut objecter que les créanciers ne sont pas avertis quand il s'agit des meubles, car ils ne le sont pas davantage quand il s'agit d'immeubles, puisque l'hypothèque légale est dispensée d'inscription; mais telle est la règle absolue; la garantie de la femme ne dépend pas seulement de la richesse du mari, mais aussi de la composition de sa fortune.

12° Les privilèges diffèrent, suivant qu'il s'agit des meubles ou des immeubles, quoique quelques-uns s'appliquent également aux deux. Ceux sur les meubles dérivent presque tous d'un gage tacite; ceux sur les immeubles, d'un droit retenu. Quelquefois il y a coïncidence, par exemple, quant au privilège du vendeur. Les formalités pour les acquérir ou les conserver sont aussi loin d'être les mêmes; ceux sur les immeubles sont soumis à l'inscription comme les hypothèques, ceux sur les meubles ne sont astreints qu'à des formes très simples. Ceux sur les navires sont mixtes à ce point de vue.

13° Les conditions de la séparation des patrimoines varient, suivant qu'il s'agit de meubles ou d'immeubles; la non-confusion est pour les uns ce que l'inscription est pour les autres.

14° En matière de vente, on exige une certaine égalité entre la valeur et la contre-valeur quand il s'agit d'immeubles; il a semblé au législateur qu'ils ne devaient pas être cédés à vil prix; au contraire, en matière de meubles, la rescision pour cause de lésion n'est pas admise. Certaines législations ne font pas cette distinction. En effet, certains meubles peuvent avoir une valeur énorme. Mais le législateur a été frappé de l'importance, en thèse, des immeubles.

De même, le réméré, qui est admis dans la vente immobilière, ne l'est pas dans la vente mobilière.

15° Les impôts frappent d'une manière très différente les meubles et les immeubles. Dans la législation actuelle, en ce qui concerne les revenus, les immeubles seuls sont directement atteints; les créances, les rentes sur l'État échappent à l'impôt, ainsi que les traitements. Cependant la loi y

a soumis certains revenus mobiliers : les produits du commerce, les intérêts et dividendes des valeurs de bourse, enfin des projets d'impôt sur le
revenu comprennent les revenus mobiliers dans leur ensemble. En ce qui
concerne les impôts sur le capital, par exemple, les droits d'enregistrement
et ceux de mutation par décès, ils frappent les meubles aussi bien que les
immeubles, mais à des tarifs différents; pourtant leur valeur, leur emploi
économique sont les mêmes. C'est que le législateur a pensé que les capitaux mobiliers sont un patrimoine en voie de formation, sujet à des risques,
tandis que l'immeuble est la fortune consolidée et au repos. Aussi le tarif
pour les premiers n'est que de la moitié de l'autre. Le respect de la terre
s'est imposé à l'impôt, de sorte qu'il la frappe davantage.

16° Les règles de compétence sont bien différentes, suivant qu'il s'agit
de meubles ou d'immeubles. Dans le premier cas, quoique les meubles
soient fixés à demeure, et que souvent le procès pourrait être mieux jugé
là où ils sont, on suit le forum du défendeur. Au contraire, s'il s'agit
d'immeubles, même situés loin du domicile des deux parties, on doit as-
signer devant le tribunal de la situation des biens. On a pensé que le procès se juge mieux sur place, d'où la compétence immobilière, mais que les
meubles n'ont pas de place fixe, qu'il faudrait les chercher partout, que le
défendeur se trouve plus facilement chez lui.

17° La procédure des saisies diffère profondément suivant les diverses
valeurs mobilières et immobilières qu'elle atteint. On peut en citer un long
défilé : mobilière, immobilière, brandon, gagerie, saisie des rentes, saisie-
arrêt, saisie-revendication, saisie foraine et saisie conservatoire; mais toutes
se résument en trois principales : la saisie-exécution, la saisie immobilière
et la saisie-arrêt. Nous nous demanderons plus loin si ce luxe de saisies est
nécessaire. Il faut y ajouter la procédure collective de la faillite.

18° A la suite des diverses saisies, la distribution des valeurs réalisées
se fait de deux manières différentes, suivant qu'il s'agit de meubles ou
d'immeubles; pour les unes, procédure d'ordre, et pour les autres, de distribution. L'une d'elles est beaucoup plus longue et compliquée. En cas de
faillite on emploie même une troisième procédure.

19° C'est surtout en matière de contrat de mariage que la division en
meubles et immeubles a une extrême importance. Tout d'abord, sous le régime dotal. Ce régime, il est vrai, s'applique aussi bien aux meubles qu'aux
immeubles; les deux sont inaliénables en principe, mais quelle différence
dans le résultat! L'inaliénabilité des immeubles est directe et sérieuse, sauf
des possibilités de fraude. Au contraire, la dot mobilière n'est inaliénable
que dans ce sens que l'action en reprise en deniers, garantie par une hypothèque légale, est frappée d'inaliénabilité, mais il n'existe aucun droit de
suite.

20° Lorsque les époux sont mariés sous le régime de la communauté
légale, la distinction en meubles et immeubles a peut-être son maximum

d'effet, et en tous cas, celui le plus injuste. Tous les meubles tombent en communauté, tous les immeubles en sont exclus. Le mari apporte 5oo,ooo francs en immeubles, ils lui restent propres; la femme apporte un million en meubles, ils tombent en communauté; par le seul fait du mariage, le mari en acquiert 5oo,ooo et il peut même disposer du million entier. Le seul correctif est l'hypothèque légale, mais comment 5oo,ooo fr. répondront-ils d'un million? Il faut joindre à cela la disposition complète des biens laissée au mari, il peut les dissiper ou les distraire! Le seul remède est de faire un contrat de mariage et de stipuler la communauté réduite aux acquêts; le principal but de ce contrat, c'est d'assimiler les meubles aux immeubles.

Il en est de même si la fortune échoit au mari ou à la femme, au cours du mariage, par succession ou donation. Les meubles restent propres, les immeubles tombent en communauté. Il se produit alors un résultat plus singulier en combinant ces règles avec l'effet rétroactif du partage. Une succession échoit à la femme qui n'a qu'un cohéritier pour moitié. Cette succession s'élève à 5oo,ooo francs de valeurs mobilières et à 5oo,ooo fr. d'immeubles. Comment fera-t-on le calcul? On dira sans doute que la femme recueille 25o,ooo francs de valeurs mobilières qui tombent en communauté, et 25o,ooo francs d'immeubles qui en sont exclus? Oui, telle sera bien la solution avant le partage. Mais après? Pas toujours. Il se peut que ce partage allotisse la femme en meubles seulement, alors ses 5oo,ooo francs tombent entièrement dans la communauté.

Tels sont les effets principaux de la distinction des biens en meubles et immeubles; nous passons ceux qui sont moins essentiels. On voit quelle est leur importance, et que la discussion de cette distinction n'est pas chose oiseuse et purement théorique, mais pratique au plus haut point.

Avant d'en faire la critique, consultons les principales législations soit étrangères, soit antérieures à la nôtre, et voyons comment elles ont compris cette division.

IV

Le droit romain a tellement dominé les législations du sud de l'Europe qu'il les a définitivement façonnées, a transformé leurs coutumes et communiqué partout ses principes; il a même envahi l'Allemagne au moment dit de la réception du droit romain. L'Angleterre et, par elle, les États-Unis ont seuls échappé à son action.

La théorie du droit romain est simple, c'est celle dont nous avons décrit les effets plus haut, elle se base sur l'idée de fixité des immeubles, résultant de leur adhérence au sol, sur leur plus grande valeur, sur la consolidation du patrimoine qui ne se fait que par eux. Elle refuse d'ajouter d'autres biens à sa liste qui ne comprend que le sol, les constructions collées au sol, les objets attachés à ces constructions, les actions relatives à la

propriété ou à un droit réel sur ces choses. Il est inutile d'insister. Son système a été reproduit par le droit français actuel et par celui des nations
latines; il s'est étendu à l'Allemagne elle-même. Cependant quelques-uns
de ces peuples en ont répudié un des effets, ils n'admettent pas le régime
de la communauté pur et simple, mais seulement celui de la communauté
réduite aux acquêts, ce qui est en éliminer la plus grande iniquité.

Deux droits seuls, le droit coutumier français et le droit anglais, ont compris d'une manière tout autre non pas les effets, mais le criterium entre
les meubles et les immeubles.

Dans notre ancien droit français, les immeubles comprenaient deux
classes : les réels et les fictifs; les réels consistaient dans la terre, les bâtiments et leurs dépendances, comme dans le droit français actuel; il n'y a
pas à nous en occuper ici; les fictifs étaient des biens corporels mobiliers,
mais revêtant les caractères d'un immeuble, par suite soit de l'intention du
propriétaire, soit d'une disposition formelle de la coutume ou de la loi.
Nous ne nous occuperons pas de ceux qui sont assimilés aux immeubles
en vertu de l'intention du propriétaire, ils répondent à nos immeubles par
destination, mais ceux qui sont immobilisés en vertu de la loi ou de la coutume nous intéressent ici. Il s'agit d'abord des offices, soit domaniaux, soit
vénaux, soit purement personnels ; exemples : dans la première classe, les
greffes; dans la seconde, les charges de juges, de conseillers, de procureurs,
de présidents; dans la troisième, celles de chanceliers, de professeurs
royaux. C'était une partie considérable de la fortune, et d'ailleurs il y avait
une tendance à considérer comme immeubles tous les droits incorporels; on
ne les immobilisa d'abord qu'en matière de communauté ou de succession.
L'article 95 de la Coutume de Paris n'en permet la vente qu'avec des formalités rigoureuses; mais cependant leur prix est distribué au marc le
franc. L'édit de 1683 les rend susceptibles de privilèges et d'hypothèques.
Le second parmi les meubles immobilisés dans l'ancien droit consista dans
la rente foncière; cette rente était un véritable démembrement de la propriété, c'était un droit réel; bientôt la rente viagère suivit le même sort et
fut rangée au nombre des immeubles.

Il semble que la catégorie des immeubles ne s'était pas ainsi beaucoup
grossie, car en dehors il y avait, outre les meubles corporels, les actions,
les créances, la propriété industrielle, maistout cela n'existait pas en fait; il
n'y avait pas de propriété industrielle ou littéraire; les créances ne consistaient
qu'en rentes foncières; il n'y avait pas non plus de sociétés par actions.
Les meubles se trouvaient donc à peu près réduits aux meubles corporels.
Les immeubles comprenaient tout ce qui était productif de revenu, tout
ce qui était une véritable valeur. On conçoit ainsi les effets attachés à la
distinction; ils n'étaient pas exagérés en raison des valeurs auxquelles ils
s'appliquaient.

Dans le droit anglais, la distinction est autre; comme nous l'avons expliqué, il amalgame le caractère réel ou personnel avec celui mobilier ou immobilier. Entre les meubles et les immeubles se trouvent les chattels. Ce qui correspond à nos meubles, c'est le chattel personnel, lequel comprend les meubles en propriété, et le chattel réel qui comprend les droits de jouissance, ni perpétuelle ni viagère, mais limitée sur un immeuble; enfin l'immeuble véritable consiste en la jouissance perpétuelle ou viagère.

Mais cette classification ne modifie pas dans son essence la distinction, elle crée plutôt une classe mixte entre les deux. Enfin, une quatrième classe est celle des choses en action, qui comprend celles incorporelles, parmi lesquelles les brevets d'invention, la propriété littéraire, les actions et obligations. Les chattels réels se rapprochent singulièrement des meubles ou chattels personnels; le droit anglais n'a donc pas grossi la liste des immeubles, comme l'avait fait l'ancien droit français.

Ces deux droits sont seuls à relever. Il est étonnant que le droit français moderne n'ait pas suivi ces errements et ait repris en entier le système du vieux droit romain. L'explication en est historique. Le droit intermédiaire avait détruit la vénalité des charges; d'autre part, il avait aboli les rentes foncières en les rendant rachetables; les deux valeurs que l'ancien droit avait ajoutées à la liste avaient disparu. Il restait la rente viagère, mais son caractère immobilier, qui n'était qu'un reflet de la rente foncière, ne survécut pas.

Cependant, depuis la promulgation des codes, sous l'empire d'un nouvel état économique, des tendances se sont manifestées pour assimiler certains meubles importants aux immeubles. On peut citer surtout ce qui concerne le régime des navires. D'abord c'étaient des meubles ordinaires, ils n'avaient de commun avec les immeubles que la constitution de certains privilèges, avec pouvoir de les hypothéquer. Mais deux lois successives sont venues les assimiler aux immeubles, celles du 10 décembre 1874 et du 10 juillet 1885. Depuis, au point de vue du crédit, au moins, il n'y a plus de différence entre un immeuble et un navire. D'autre part, la loi a, dans certains cas, assimilé les meubles et même les marchandises à des immeubles d'une manière plus générale, c'est lorsqu'ils sont déposés dans des magasins généraux. Ils sont représentés par deux titres alors : le récépissé, titre de propriété, le warrant, titre de garantie; chacun d'eux se transmet séparément, et la marchandise possède alors tous les avantages spéciaux de l'immeuble.

Il existe bien toute une classe importante de meubles, les marchandises, mais celles-ci rentrent dans un droit spécial, le droit commercial, et sont tellement distinctes des meubles ordinaires qu'il y a lieu de discerner trois sortes de valeurs : immeubles, meubles, marchandises, comme nous le verrons plus loin.

V

Maintenant, la question étant éclairée de toutes parts, il nous devient facile d'examiner la valeur de la distinction nouvelle des biens en meubles et immeubles. Jetons cependant d'abord un coup d'œil sur les transformations économiques.

Si nous comparons cet état au moment où s'est produite la théorie romaine, à celui où elle a, plus ou moins modifiée, continué de régner, et à l'état contemporain, nous notons des différences profondes. Autrefois, il n'y a guère que des immeubles dans le sens restreint de cette catégorie, c'est-à-dire des fonds de terre, des constructions et des objets adhérents à ce sol et aux bâtiments ; les bestiaux rentrent dans cette classe, et en droit romain, même les esclaves, lesquels, s'ils ne sont pas des meubles, sont des *res mancipi*, lesquels touchent les immeubles de si près ; il s'agit toujours du sol et des annexes du sol. Dans l'ancien droit, on y assimile les rentes foncières par attraction du sol toujours, puisqu'on en fait des droits réels, enfin les rentes viagères, par association d'idées ; on y ajoute une valeur plus indépendante, les offices. Voilà les immeubles. En dehors d'eux, quelles valeurs existent ? Il y a peu de créances, et leur existence juridique est fragile, on ne peut même pas les céder directement ; il n'y a point de sociétés financières, industrielles ni commerciales, et par conséquent ni actions, ni obligations. Il ne reste que le mobilier corporel et le numéraire. Ce dernier n'est que le résidu des divers placements. Le mobilier corporel est donc, en réalité, le seul bien meuble. Quel que soit le luxe déployé, ce mobilier est toujours limité, en comparaison du reste du patrimoine. C'est une valeur insignifiante. Il ne compte, ni vis-à-vis des créanciers, d'autant plus qu'il est facile à dissimuler, ni dans les relations pécuniaires entre époux, il peut tomber impunément dans la communauté, sans qu'il y ait là un déplacement inique ! Toutes les règles de droit, toutes les formes de procédure doivent se concentrer sur les seules vraies valeurs, sur les immeubles. L'état économique est le *substratum* du droit ; il le soutient et le dirige.

Dans notre siècle, une transformation complète s'est opérée. La fortune mobilière égale la fortune immobilière. Le mobilier corporel est toujours une valeur secondaire et non productive. Mais à côté sont venues se placer les rentes sur l'État, les actions et les obligations des compagnies. Les marchandises forment toujours une catégorie à part, mais cette catégorie s'est tellement accrue, qu'elle diminue encore la part réservée aux immeubles proprement dits. Il faut compter maintenant avec les meubles autant qu'avec les immeubles. Le fait, *substratum* du droit, ayant changé, *a priori* le droit aurait dû changer avec lui.

Cependant il n'en est rien ; au contraire. Tout en maintenant l'inériorité juridique des meubles, on en a accru la classe. Tandis que les rentes perpétuelles et viagères et les offices étaient immeubles dans l'ancien droit, ils sont redevenus meubles. Les navires, malgré des dispositions particulières, n'ont pas acquis le titre d'immeubles. Ainsi, d'un côté, les immeubles objectifs, le sol et les objets incorporés au sol; de l'autre, toutes les autres valeurs : mobilier corporel, créances, objets intellectuels, actions, rentes, offices, navires, marchandises, formant les meubles. Les premiers continuent d'obtenir seuls la sollicitude du législateur.

L'évolution de fait n'a pas été suivie chez nous d'une évolution de droit conforme. Notre division des biens en meubles et immeubles, telle qu'elle est conçue, est un anachronisme. Il y a divorce entre l'état économique et l'état juridique, ce qui ne doit jamais avoir lieu. La maxime *vilis mobilium possessio* est devenue fausse et cependant règne encore. D'où un état général mauvais, antiéconomique. Pour en faire la critique en détail, nous passerons en revue : 1° le criterium entre meubles et immeubles adopté par notre code ; 2° les effets qu'il attribue à cette distinction.

1° Le criterium, ou plutôt les criteria, que la loi actuelle admet, nous semblent erronés.

Tout d'abord, au point de vue objectif, ce qui distingue l'immeuble, c'est sa fixité, c'est à ce titre qu'il peut servir puissamment au crédit; il forme un gage qu'on peut retrouver toujours, tandis que le meuble se déplace et disparaît. Mais comment cette fixité se réalise-t-elle ? Uniquement par l'adhérence au sol, ou par la dépendance d'exploitation agricole, répond le droit romain, et sa réponse est juste pendant des siècles ; il n'y a pas, en effet, d'autres moyens de fixité. Tout ce qui ne tient pas au sol doit être classé comme meuble.

Mais plus tard, il est né d'autres valeurs, qui étaient fixes par elles-mêmes, sans être attachées au sol, même indirectement; qui avaient un autre lieu certain, en ce sens qu'on ne pouvait ni les détourner, ni les détruire. Il en est né d'autres aussi qui n'étaient pas fixes naturellement, qui étaient même essentiellement vagabondes, mais qu'on pouvait attacher à quelque chose d'aussi fixe que le sol le plus ferme, de plus certain même que lui, à un registre public assis, lui aussi, à une place immuable. D'où deux catégories.

La première comprend les meubles incorporels. Dès qu'un meuble n'a pas de lieu, on ne peut pas l'en détourner, l'en faire mouvoir, il reste toujours au même point de son milieu idéal. Ainsi la propriété littéraire a la fixité d'un immeuble, de même l'artistique, de même le brevet d'invention. On peut toujours les retrouver. On peut les grever d'hypothèques, car l'auteur n'a pu livrer à aucune autre personne une valeur qu'il ne tient pas dans sa main. Donc, plus de commodité; on peut d'ailleurs lui consacrer un registre, et ce registre aura tous les avantages de celui hypothécaire.

Parmi ces meubles incorporels se trouvent aussi les créances. Sans doute, l'objet de la créance est, le plus souvent, un meuble véritable, entièrement mobile, mais aussi la créance elle-même, à moins qu'elle ne soit transmissible au porteur ou par endossement, et si, au contraire, elle est nominative et transmissible seulement par transfert, n'est située dans aucun lieu, ne peut se déplacer, il suffit de l'inscrire sur un registre.

A plus forte raison, font partie des immeubles incorporels, et ont leur fixité, les offices, ou leur valeur pécuniaire. Rien de si solidement situé ; tout déplacement matériel est impossible, et quant au déplacement juridique, il est facile de le soumettre aux mêmes conditions que celui des immeubles.

Il en est de même des fonds de commerce. Sans doute, la marchandise qui en forme le *substratum* est ce qu'il y a de plus mobile, mais le fonds lui-même, l'achalandage, ne l'est pas. On peut toujours le retrouver à sa place matérielle et à sa place juridique. Il ne faudrait pas pour cela plus de formalités qu'il n'en faut pour les immeubles. Il en est de même des sociétés commerciales.

Il en est de même encore du navire. Rien de plus vagabond en apparence ; rien de plus fixe juridiquement et en réalité. Le navire a son domicile, son port d'attache, où il rentre non chaque soir, mais à la fin de chaque période. En cours de voyage, il est incapable, sauf dans des cas urgents ; il ne reprend sa capacité juridique entière qu'à son retour ; l'assurance le couvre contre les risques. D'ailleurs, le législateur s'est avancé un peu plus sur ce point, il l'a fait tellement que le navire a pris tous les caractères d'un immeuble, il ne reste plus qu'à lui en conférer le nom.

La seconde catégorie comprend des meubles très mouvants, mais qu'il est possible de renfermer dans un lieu clos ou d'attacher à un registre.

Les meubles renfermés dans un lieu clos et qui ont ainsi la fixité des immeubles sont les marchandises consignées dans les magasins généraux.

Les meubles qui sont attachés à un registre sont tous ceux ci-dessus, en tant qu'un registre est représentatif de ces meubles eux-mêmes, et que toutes les transmissions et affectations ne peuvent avoir lieu que par inscription sur lui. C'est ainsi que, pour le navire, le registre de la douane équivaut au registre hypothécaire.

Tels sont tous les meubles nouveaux qui ont surgi avec la fixité des immeubles. C'est cette fixité que notre code n'a pas voulu envisager ; il s'est obstiné à n'apercevoir que la fixité primitive, la fixité par le sol. Là se trouve son erreur capitale.

Si nous prenons le second criterium, le criterium subjectif, celui de la valeur, nous découvrirons la même erreur. Autrefois l'immeuble seul, résultant de l'adhérence au sol, pouvait être important, puisque en dehors de lui il n'existait que le mobilier corporel, peu de créances, quelques marchandises. Maintenant, si le mobilier corporel est resté insignifiant, les autres valeurs qui ont surgi ont une grande importance. Cependant le code a persisté à ne pas les assimiler aux immeubles, à cause de leur valeur relativement minime. L'effet encore ici a survécu à la cause.

Enfin, nous avons dit qu'une des causes essentielles de la distinction en meubles et immeubles est que les premiers correspondent à la fortune en voie de formation, tandis que les immeubles, à la fortune définitivement acquise et consolidée. Cela reste vrai pour les marchandises et les valeurs de spéculation, mais devient faux pour les valeurs de placement. Lorsque je veux me préserver de tout risque, que je ne fais plus travailler mon argent avec moi, je puis le placer en rentes sur l'État aussi bien qu'en immeubles; d'ailleurs les fonds des mineurs s'emploient ainsi. Il en est de même du placement en obligations du Crédit foncier ou en créances hypothécaires. Le criterium est toujours juste, mais la classification des valeurs qui en dépend aurait dû se modifier. C'est ce qui n'a pas eu lieu. Il en résulte de grands inconvénients pratiques. Par exemple, la protection accordée aux mineurs, beaucoup plus forte lorsqu'il s'agit d'immeubles, devrait s'étendre aux valeurs dites mobilières et de placement, de même importance.

Les effets que le code civil reconnaît à la distinction des biens en meubles et immeubles sont funestes, si l'on conserve son criterium de cette distinction, car alors partout l'effet dépasse de beaucoup sa cause légitime.

Il nous faut reprendre ici quelques-uns des effets que nous avons énumérés plus haut.

Le plus important est relatif au crédit. Les objets fixes peuvent donner une garantie suffisante et fonder le crédit réel; les autres n'offrent pas de sécurité. Ce sont les immeubles qui peuvent, seuls, en conséquence, le procurer. Mais, par immeuble, le Code entendant seulement le sol et ce qui est attaché au sol, cette conception étroite exclut une foule de valeurs qui, sans y tenir, sont cependant très fixes. Ces valeurs, nous les avons énumérées. Il serait aussi facile, si cela était admis, d'emprunter sur un office que sur une terre; dans le droit actuel, cela est impossible, il est défendu de l'hypothéquer; le seul privilège dont il est passible est celui du vendeur, et encore ce privilège est-il très fragile, puisqu'il disparaît dans un double cas, celui de destitution et celui de faillite du titulaire. De même, le fonds de commerce ne peut être utilisé pour le crédit du commerçant. Les valeurs consistant en actions et en obligations ne peuvent servir de garantie que par la voie du gage.

Ce n'est que récemment que le navire a pu être hypothéqué, ou la marchandise localisée.

Si, au contraire, cette conception de l'immeuble avait été élargie, si la loi avait entendu dans cette classe toute valeur fixe, même autrement que par l'adhérence au sol, le crédit se serait considérablement accru, il aurait conquis tous les biens incorporels et beaucoup d'autres. L'effet qui est contraire à l'utilité pratique aurait cadré avec cette utilité.

En effet, il y en a une grande à augmenter, autant qu'il est possible, sans nuire à sa sécurité, les instruments du crédit. Cet avantage est d'autant plus grand que le crédit mobilier exige la possession effective des meubles, tandis que l'autre permet de ne pas les transmettre au créancier. C'est en cela surtout que le gage immobilier est bien supérieur au gage mobilier. Le débiteur peut garder la possession et conserver la jouissance, faire les dépenses nécessaires pour que l'immeuble fructifie, ce que le créancier ne fera pas. En outre, cette possession n'est pas même possible pour les meubles incorporels, de sorte que ceux-ci ne peuvent être gagés ni à la façon mobilière, ni à la façon immobilière. Pour cette classe de valeurs aucun crédit.

Un autre des effets principaux de la distinction, c'est la capacité requise pour aliéner ou grever. La moindre suffit quand il s'agit des meubles; au contraire, il en faut une très grande pour les immeubles, même ceux de petite valeur. Cela est juste si le code admet l'extension du caractère immobilier, par exemple, si les immeubles comprennent tous les objets mobiliers importants; mais devient faux si l'ancienne classification des immeubles demeure bornée. Ainsi l'incapable, par son représentant ou par lui-même, suivant les cas, aliène sans formalité une fortune d'un million, s'il s'agit d'actions industrielles ou d'obligations, de créances, d'offices, etc. et il ne le pourra pas s'il s'agit d'un terrain de quelques centimètres! Un tel résultat est déraisonnable et antiéconomique.

Lorsqu'il s'agit de saisir quelques pouces de terrain, la saisie est entourée de formalités protectrices et coûteuses; celle mobilière est plus rapide et bien différente. Cela se comprend si la loi adopte le criterium d'après lequel sont considérées comme immeubles toutes les valeurs à la fois importantes et fixes, mais non si le seul est l'adhérence au sol. Par exemple, conçoit-on qu'il faille moins de formalités pour un million d'actions, ou de créances, ou pour un office, que pour quelques centaines de francs de terrain? Sans doute, on ne peut faire varier les formalités suivant la valeur dans chaque affaire; mais lorsqu'il y a valeur générale et théorique résultant de la nature même du bien, on peut adopter le criterium ainsi fourni.

Nous ne saurions reprendre à nouveau tous les effets ci-dessus décrits de la distinction en meubles et immeubles, pour montrer que, justes ou utiles avec la conception de cette distinction suivant la fixité et la fluidité de la valeur, ils deviennent faux et nuisibles si la fixité ne peut dépendre que de la seule adhérence au sol. Nous voulons seulement examiner le plus important, celui qui est relatif au régime matrimonial, renvoyant pour les autres à notre proposition de réforme plus loin formulée.

Nous avons vu que la distinction en meubles et immeubles influe fortement sur deux régimes : le régime dotal et celui de la communauté légale.

En ce qui concerne le premier, conçoit-on que le sol ou les bâtiments soient insaisissables et inaliénables d'une manière absolue, ou ne peuvent être aliénés qu'à charge de remploi, tandis qu'au contraire une créance dotale d'une valeur considérable, un office, une propriété littéraire et industrielle peuvent être touchés ou vendus sans remploi, lorsqu'il serait si facile d'admettre le contraire, de dire qu'on ne pourra toucher le remboursement des créances que contre emploi, par exemple, ou vendre les meubles incorporels qu'à la même condition? Cependant la solution est tout autre, parce que le code n'a pas voulu élargir le cercle immobilier primitif. Au contraire, cet effet serait juste, si l'on restreignait l'aliénabilité dotale aux meubles corporels, aux marchandises, aux valeurs au porteur, qui échappent par définition à l'inaliénabilité. Ce n'est pas l'effet qu'il faut changer non plus ici, il est naturel et logique; c'est le criterium qu'il faut modifier, et qui rend l'effet juste ou injuste.

Mais c'est surtout en nature de communauté que cette vérité est frappante. La communauté légale est l'œuvre de l'ancien droit et en particulier de la coutume de Paris. Cette coutume, avec le criterium adopté alors, était équitable. En effet, les meubles ne se composaient que du mobilier corporel et des marchandises. Le premier était relativement de peu de valeur, les autres étaient, dans chaque moment pris à part, peu considérés, car dans le commerce normal la marchandise se renouvelle plus qu'elle ne s'accumule. D'ailleurs, elle est souvent grevée d'un passif correspondant et parfois presque équivalent. Enfin il n'y avait que des immeubles dépendant du sol ou des rentes perpétuelles, des rentes viagères et des offices immobilisés. Dans ces conditions, le mobilier pouvait tomber en communauté et y rejoindre les revenus des propres, même celui provenant de successions échues pendant le mariage. Aujourd'hui, il en est tout autrement : l'effet est conservé, mais le critère qui détermine l'étendue de l'effet est changé entièrement. Les immeubles sont restés, mais ils ont perdu les offices, les rentes perpétuelles, les rentes viagères qui ont passé au camp des meubles. D'autre part, les meubles se sont accrus d'éléments nombreux : la propriété littéraire, commerciale, artistique, industrielle, les fonds de commerce, les créances, les actions et obligations nominatives, les marchandises déposées, les navires. Ces nouveaux meubles sont fixes comme les immeubles, de même que le sont les immeubles détachés de l'ancien droit pour être réunis aux meubles. Cependant le droit français persiste à n'être appliqué quant aux effets des immeubles en matière de communauté qu'aux immeubles anciens, à ceux que le droit romain avait classés comme tels. Il en résulte une iniquité que nous avons signalée : le mari apportant 100,000 fr. d'immeubles qu'il conserve propres, tandis que la femme apporte 100,000 fr. de créances nominatives ou de valeurs incorporelles, ou même de meubles ou de valeurs au porteur, qui tombent en communauté.

Le résultat est encore plus inique lorsqu'il s'agit de valeurs dépendant de successions échues au cours de la communauté. Si, par exemple, la femme recueille une succession, moitié immobilière, moitié mobilière, on penserait qu'en suivant le principe admis, la moitié seulement de sa part tombera en communauté. Il n'en est rien, cela dépendra du résultat du partage : si cette part est entièrement formée de meubles, elle deviendra tout entière commune; or on sait que le mari, ayant intérêt à ce qu'il en soit ainsi, essayera de provoquer un allotissement qui mène à un tel résultat.

Ce n'est pas tout. Lorsque la succession échue à la femme et ainsi partagée est grevée de dettes, l'effet va devenir encore plus inique. La femme qui recueille une succession mobilière par moitié, si elle est allotie entièrement en meubles, au lieu de voir la moitié de sa part seulement tomber en communauté, devra l'y verser toute. Mais les dettes ne suivront pas l'effet rétroactif du partage; elles conservent l'errement primitif et elles se partagent en proportion de l'actif et du passif; une partie va ainsi rester propre à l'époux, qui cependant ne reçoit rien en propre; il n'aura recueilli que des dettes.

Tous ces résultats n'avaient rien de bien choquant dans l'état économique et juridique de l'ancien droit. Les valeurs mobilières étaient insignifiantes, soit celles qui étaient apportées en mariage, soit celles qui étaient recueillies dans la succession. C'était en vertu de la maxime : *de minimis non curat prætor,* qu'il n'en était pas tenu compte. On pouvait les assimiler aux fruits, aux économies et aux acquêts.

Aujourd'hui, au contraire, l'injustice apparaît, parce qu'on a conservé les anciennes coutumes, justes alors, mais qui ne le sont plus, les meubles ayant pris une grande extension et la plupart d'entre eux, quoique fixes, n'ayant pas été assimilés aux immeubles.

Mais cependant ici, même en rectifiant le criterium, l'effet ne devrait pas être maintenu. En matière de communauté matrimoniale, il doit régner une égalité parfaite. Qu'importe d'ailleurs que la valeur soit fixe ou ne le soit pas? Autant cela est important en matière de constitution de gage ou d'hypothèque, autant cela l'est peu en matière d'association ou de partage. C'est l'égalité en valeur qui en est le principe essentiel. Il n'est même pas à considérer si l'une des sommes est modique en thèse, il faut rechercher si elle l'est actuellement, et même en tenir compte, quelle qu'elle soit. Tous les biens meubles ou immeubles apportés par l'un des époux devraient lui rester propres de la même manière, leurs fruits seuls tombant en communauté, ou au contraire tout devenir commun, au moyen, s'il le faut, de l'ameublissement des immeubles. Tout autre système est inique. La nature des biens n'a rien à faire ici.

Telles sont les critiques essentielles que comportent les décisions de notre code. Comment devrait-il être réformé sur ces points au nom de la logique et de l'équité?

VI

Après ce que nous avons dit, la réforme nécessaire peut se formuler et se justifier très brièvement.

Il y aurait lieu de changer le caractère et le nom même de la distinction, pour qu'aucun équivoque ne pût subsister. Il faudrait aux meubles et aux immeubles substituer les valeurs fixes et les valeurs courantes et y ajouter une autre catégorie, les valeurs fongibles.

Les valeurs fixes ne seraient plus celles qui accèdent au sol directement ou indirectement, mais toutes celles qui sont fixes, ayant une assiette déterminée dans un certain lieu ou indépendantes de tout lieu. Ces valeurs sont celles qui peuvent supporter, en leur donnant toute sécurité, un droit de gage et tous autres droits réels. Elles comprendraient : 1° la terre; 2° les mines; 3° les constructions; 4° les objets mobiliers ne faisant qu'un avec celles-ci; 5° les instruments, bestiaux, engrais servant à l'exploitation agricole et industrielle; 6° les meubles déposés dans des magasins généraux; 7° le navire et les offices ministériels, tant que la vénalité sera conservée; 9° les fonds de commerce; 10° les créances nominatives soit sur l'État, soit sur les sociétés, soit sur les particuliers, inscrites sur un registre et ne pouvant se transmettre que par un transfert; 11° les actions dans les sociétés, transmissibles de la même manière.

Toutes les valeurs fixes porteraient le nom d'immeubles. On pourrait distinguer les meubles par nature, ceux qui ont et conservent une assiette fixe naturelle, ceux par destination, ceux qui ne sont immeubles que par affectation aux premiers, ceux par convention qui ne le deviennent que par inscription sur un registre. Mais tous seraient soumis aux mêmes règles à tous les points de vue, soit quant au fond, soit quant à la procédure. Par exemple, quant au fond, toutes ces valeurs fixes seraient susceptibles d'hypothèques avec les mêmes conditions de publicité; quant à la forme, les saisies et la distribution par ordre seraient applicables à toutes.

Les valeurs courantes ne seraient plus tous les meubles actuels, mais seulement quelques-uns d'entre eux, ceux qui, sans perdre leur individualité, peuvent cependant être détournés juridiquement, sans qu'il soit possible d'efficacement l'empêcher : en première ligne, le mobilier corporel, les meubles meublants, puis les créances nominatives, les actions nominatives aussi, mais non inscrites et pouvant s'aliéner sans transfert. Cette classe serait très limitée et n'aurait pas une grande importance. Elle serait soumise à des règles différentes.

En troisième classe, les valeurs fongibles comprendraient celles qui ne subsistent jamais en nature, mais sont soumises à un échange incessant. Presque aucune des règles ordinaires du droit civil ne peut s'y appliquer. Elles tombent sous l'empire du droit commercial. C'est : 1° l'argent comptant; 2° les valeurs fongibles naturelles, froment, vin, etc.; 3° les marchandises; 4° les valeurs endossables; 5° celles au porteur, quelles qu'elles soient. Cette classe serait soumise à des dispositions différentes, la plupart édictées par le droit commercial. Ce sont les valeurs les plus fugitives, presque des abstractions. Non plus que la seconde, elle ne pourrait fonder un gage réel, si ce n'est par la mise en possession..

Quelles seraient les règles différentes applicables à ces trois sortes de biens? Il serait trop long de les donner ici, car il faudrait parcourir toute l'étendue du droit. Mais, en général, on appliquerait à la première classe les dispositions en vigueur aujourd'hui pour les immeubles, à la deuxième et à la troisième celles qui régissent les marchandises. Nous avons indiqué déjà les motifs de ces assimilations; il est inutile d'y revenir.

Le point le plus essentiel serait l'établissement d'un registre qui s'appliquerait à tous les biens de la première classe et qui fonctionnerait comme registre de publicité; le régime hypothécaire serait commun à toutes ces valeurs. Quel devrait être ce régime hypothécaire dans sa perfection? Nous n'avons pas à le rechercher ici; nous le prendrions d'abord tel qu'il existe. Au lieu où siège la société, où est sis le fond de commerce, où le navire a son port d'attache, on inscrirait sur un registre tout ce qui le concerne. De même, on s'inscrirait sur l'office au lieu où les fonctions sont exercées. Les bureaux actuels serviraient de type.

Cette publicité et l'hypothèque qu'elle rend possible seront le plus grand bienfait de la distinction nouvelle. Voilà le crédit considérablement augmenté d'un seul coup; beaucoup de valeurs restaient dans l'ombre sans pouvoir être utilisées ainsi. Non seulement l'armateur pourra emprunter sur son navire, ce qui est déjà admis, mais l'auteur sur sa propriété littéraire; le titulaire sur son office, le créancier sur sa créance, le rentier sur sa rente sur l'État, chacun sur chacun de ses biens, pourvu que celui-ci soit fixe ou le devienne par une inscription sur le registre; les meubles seront ainsi réduits à leur minimum.

Les valeurs courantes, au contraire, ne seraient susceptibles que de gage, par la mise en possession; il en serait de même des valeurs fongibles jouant le rôle de monnaie.

Quant à leur transmission, ces trois classes différeraient aussi complètement. Les valeurs de la première classe ne pourraient être que par un transfert sur un registre; les deux autres le seraient par la tradition.

Telle serait notre division nouvelle des biens. Notre tâche serait ici terminée, si nous ne voulions abolir d'une manière générale et pour toutes les classes certains effets que le code civil attribue à tort à la division entre meubles et immeubles, et qui demeurent injustes, même le criterium de cette division une fois rectifié.

C'est ainsi qu'en matière de société, soit dans sa constitution, soit dans son partage, et par conséquent en matière de communauté et de succession, la loi actuelle attribue à tort des effets à cette distinction. En matière de communauté légale, quoi de plus injuste que de faire tomber ou de ne pas faire tomber les valeurs dans cette communauté, suivant qu'il s'agit de meubles ou d'immeubles, quand même cette dernière qualification serait rectifiée et qu'on y comprendrait les valeurs que nous y assimilons? L'âme de ce contrat est l'égalité, et pour l'égalité peu importe la nature des valeurs, c'est leur estimation seule qui compte. Tout ce que les époux apportent ou recueillent, meubles, immeubles ou marchandises, devrait tomber en communauté, ou plutôt en être tout exclu. Le régime de la réduction aux acquêts deviendrait le droit commun matrimonial. Il n'y aurait plus de fraudes, plus de convoitise possibles. En matière de succession, chaque lot pourrait désormais sans inconvénient se composer indifféremment de meubles ou d'immeubles.

L'égalité doit régir, autant que possible, les contrats, même ceux autres que la société. Ainsi dans la vente le législateur a cru bon de garantir le vendeur d'immeubles contre la lésion; cette décision peut être contestée, mais, si on l'admet, on doit accorder le bénéfice au vendeur de meubles, car la nature mobilière ou immobilière ne peut influer à ce point de vue. Si l'immeuble a été vendu sous l'empire d'un pressant besoin d'argent, il peut en être de même des meubles; n'est-ce pas cette vente qui sert d'instrument le plus fréquent à l'usure?

Donc la distinction ne tenait pas à la fixité, mais à la valeur. Or, même un meuble corporel peut en avoir une très grande, surtout quand il s'agit de métaux précieux.

Les effets de la distinction si importante en droit international des meubles et des immeubles sont plus justes si on ne limite pas aux fonds de terre et aux constructions la qualification, et si on l'étend à toutes les valeurs fixes. Pourquoi le fonds de commerce ou les marchandises déposées dans des magasins généraux ne dépendraient-ils pas de la *lex rei sitæ*, aussi bien que des immeubles? C'est, du reste, une assimilation qui a été faite dans divers pays. Faut-il aller plus loin et effacer ici la distinction entre les meubles et les immeubles? Il ne faudrait pas le faire entièrement, mais la restreindre au régime des biens eux-mêmes, par exemple quand il s'agit de savoir si tel droit réel peut grever le bien, n'admettre que les droits réels, que l'inaliénabilité admise par la *lex rei sitæ*.

Les règles de la réduction et du rapport ne devraient pas être différentes suivant qu'il s'agit de meubles ou d'immeubles. Dans les deux cas, on ne devrait exiger le rapport qu'en nature. En cas d'insolvabilité du donateur seulement, naîtrait l'intérêt du droit de suite. Ce droit devrait être accordé en principe, mais il deviendrait nul en ce qui concerne les meubles corporels non retrouvés en nature. Il devrait être admis, et serait efficace, sur les biens que nous avons assimilés aux meubles.

La capacité devrait être la même pour aliéner et grever les valeurs fixes,

celles courantes et recevoir les choses fongibles. On ne comprend guère
qu'un tuteur puisse recouvrer une créance de 100,000 francs ou une autre
valeur de même somme sans autorisation, lorsque celle-ci lui est nécessaire pour aliéner un immeuble de 1,000 francs; le législateur de 1880
a paru le comprendre, mais n'a pas osé achever sa pensée. De même, le
mineur émancipé pourra aussi bien l'un que l'autre. Nous voulons dire plutôt qu'il ne pourra ni l'un ni l'autre sans autorisation, car le tout est dangereux, mais le péril n'est pas moindre dans l'un des deux cas. Le mineur,
en présence de l'extension actuelle de la catégorie des meubles, n'est plus
protégé, d'autant moins que les fortunes purement mobilières sont très
nombreuses.

Nous ne comprenons pas non plus que les meubles seuls puissent faire
l'objet d'un commerce et conférer aux trafiquants la qualité de commerçants.
Cette qualité nous semble devoir affecter le marchand de biens aussi bien
que tout autre. Ainsi une foule de commerces civils rentreraient à bon droit
dans le commerce commercial.

Il en est de même des hypothèques légales. Leur suppression serait
peut-être nécessaire, ou au moins y aurait-il lieu de les soumettre à la publicité. Mais en les admettant, il faudrait y soumettre aussi bien les meubles
que les immeubles, non seulement les meubles que nous venons d'immobiliser, mais même les autres, les meubles corporels et les marchandises.
Il est vrai que le droit de suite sera impossible, mais souvent le droit de
préférence existe sans ce compagnon, et a encore des effets très énergiques.
Conçoit-on que la femme mariée, que le mineur soient ou non garantis,
suivant que le mari, suivant que le tuteur possède des meubles ou des immeubles? Beaucoup de législations admettent au profit de la femme un privilège sur tous les biens sans distinction dans le sens de notre article 401.
Si cette hypothèque est juste, on doit aller jusque-là. Les tiers sont
avertis par le fait du mariage, et d'ailleurs l'hypothèque légale, comme
nous l'avons déjà dit, est occulte. Si on voulait la rendre publique, cela serait facile en ce qui concerne les meubles au moyen d'une inscription au
domicile du débiteur. L'hypothèque, quand il s'agit du patrimoine, peut
s'étendre aux meubles qui en font partie.

La différence du tarif de l'impôt devrait être abolie en ce qui concerne
les trois classes de biens; que la fortune consiste en immeubles, ou en valeurs assimilées aux immeubles, créances, offices, actions, ou en meubles
corporels, ou en marchandises ou valeurs au porteur, elle doit être frappée
également, car elle l'est en raison et en proportion de la valeur et non de
la composition. On objecterait vainement que le mobilier corporel ne produit pas de revenus; c'est qu'on l'a bien voulu, et qu'on retire moralement
le profit qu'on eût retiré pécuniairement; on n'a donc pas à se plaindre.
On objecterait plus justement, en ce qui concerne les marchandises, qu'il
s'agit d'un patrimoine en voie de simple formation et souvent grevé dans

sa genèse même. Aussi pourrait-on admettre, à ce titre, pour elles, un moindre tarif. Mais par ailleurs il faudrait abolir toute différence ; à plus forte raison le faudrait-il lorsqu'il s'agit de l'impôt sur le capital, des droits de transmission. Le tarif d'enregistrement est différent alors pour les meubles et les immeubles, il faut abolir cette distinction.

En matière de saisie, les formalités de celle immobilière devraient être appliquées à toutes les valeurs fixes ; on ne comprend guère cette variété : saisie immobilière, saisie-brandon, saisie des rentes, saisie-arrêt. Toutes ces valeurs sont ou deviennent, de par la saisie, des valeurs fixes, et dès lors leur sort doit être le même, car leur caractère n'est plus différencié et leur valeur ne dépend pas de leur nature. Cela sera d'autant plus exact à l'avenir qu'ils pourront tous être grevés d'hypothèques et de droits réels. Mais n'y a-t-il pas lieu d'aller plus loin, et d'unifier les formalités de la saisie, même en ce qui concerne les meubles corporels ? Nous le pensons ; par le fait même de cette saisie, le meuble corporel devient désormais valeur fixe comme les autres ; il est vrai qu'il n'est pas frappé d'hypothèque, mais cela concerne surtout la distribution. Seulement, nous simplifierions les formalités pour toutes, car étendre aux autres celles de la saisie immobilière serait loin d'être un progrès.

Nous voudrions enfin assimiler à la procédure d'ordre celle de distribution ou, si l'on préfère, celle de distribution à celle d'ordre, les unifier. En vain dira-t-on que l'ordre est plus difficile, parce qu'il faut régler le rang hypothécaire. C'est une erreur, beaucoup de distributions offrent des difficultés tout aussi graves. Le rang d'hypothèque se suit au contraire plus mécaniquement, il n'y a pas de répartition à faire. Enfin, souvent il faut un ordre et une distribution en sous-ordre, ce qui complique plus que si le tout avait lieu en même temps. La procédure de la distribution est plus simple, elle est suffisante, il y aurait lieu de la substituer à l'ordre.

Mais cette assimilation relative à la saisie et à la distribution ne s'appliquerait qu'aux deux premières classes de valeurs, aux fixes et aux courantes. En dehors, appliquée au commerce et par conséquent aux valeurs de la troisième classe, existe aujourd'hui la procédure collective de faillite. Y a-t-il lieu à une nouvelle assimilation plus compréhensive ? Cette question nous entraînerait loin de notre sujet. Indiquons seulement notre solution : nous pensons qu'un cas d'insolvabilité et d'exécution du débiteur, de distribution de son patrimoine, la procédure collective devrait s'appliquer sans exception à toutes les valeurs et remplacer la saisie et l'ordre.

Ainsi, d'un côté, la classification des valeurs en meubles et immeubles serait remplacée par celle en valeurs fixes, valeurs courantes et valeurs fongibles. Les valeurs fixes auraient tous les effets des immeubles actuels.

D'autre part, les effets différents attribués aux diverses classes de valeurs seraient, les uns maintenus, les autres, au contraire, unifiés.

Une partie des meubles actuels passerait ainsi du côté des immeubles, et d'autre part, sous beaucoup de rapports, quant aux effets juridiques, meubles et immeubles ou, autrement dit, valeurs fixes, valeurs courantes, valeurs fongibles, seraient confondues.

Les vrais principes seraient rétablis au point de vue de la théorie, et, à celui de la pratique, la nouvelle distinction créerait pour certaines de ces valeurs de nouvelles utilités. C'est surtout dans ce but que nous la proposons, car le droit ne vit pas de querelles de mots ou d'écoles, quelque intéressantes qu'elles puissent être parfois, mais d'accommodation de la législation aux faits économiques et sociaux, pour en favoriser le développement normal et acquérir les avantages qu'ils offrent ou dont ils ont besoin.

www.ingramcontent.com/pod-product-compliance
Lightning Source LLC
Chambersburg PA
CBHW061729060726